BEI GRIN MACHT SICH IHR WISSEN BEZAHLT

AF140766

- Wir veröffentlichen Ihre Hausarbeit, Bachelor- und Masterarbeit

- Ihr eigenes eBook und Buch - weltweit in allen wichtigen Shops

- Verdienen Sie an jedem Verkauf

Jetzt bei www.GRIN.com hochladen und kostenlos publizieren

Bibliografische Information der Deutschen Nationalbibliothek:

Die Deutsche Bibliothek verzeichnet diese Publikation in der Deutschen National-
bibliografie; detaillierte bibliografische Daten sind im Internet über http://dnb.d-
nb.de/ abrufbar.

Impressum:

Copyright © 2015 GRIN Verlag
Druck und Bindung: Books on Demand GmbH, Norderstedt Germany
ISBN: 9783668976948

Dieses Buch bei GRIN:

https://www.grin.com/document/489399

Anonym

Die Rolle des Vaters in der Lesesozialisation

GRIN Verlag

Inhalt

1. Einleitung

Beim bisherigen Erforschen der Lesesozialisation wurde der Rolle des Vaters wenig oder kaum Beachtung geschenkt. Erst als 2001 der Zusammenhang der Lesekompetenz von Kindern mit der familiären Lesesozialisation durch eine Veröffentlichung von Forschungsergebnissen der PISA-Studie in den Vordergrund rückte, geriet langsam auch die Rolle des Vaters etwas stärker in den Fokus der Forschung.[1] Einer Studie zu Folge sind 9 von 10 Vätern davon überzeugt, dass das Vorlesen eine große Rolle für die Entwicklung ihrer Kinder spielt. Meist lesen dieselben hingegen selten oder nie vor.[2] Folglich scheint das Lesen eher dem weiblichen Geschlecht zugeschrieben zu werden. Unterstützt wird dieser Aspekt zusätzlich mittels der folgenden Daten, die besagen, dass Kinder an allgemeinbildenden Schulen zu 70 Prozent, an Grundschulen sogar zu 80 Prozent und auch in Kindergärten, Buchhandlungen und Bibliotheken hauptsächlich mit Leserinnen in Kontakt treten.[3] Es ist somit nicht verwunderlich, wenn es vor allem Jungen als widersprüchlich empfinden, dass sie von ihren Eltern zum Lesen aufgefordert werden, obwohl sie ihrem Vater weder als Vorleser und häufig noch als Leser begegnen.

Die nun aufkommende Frage ist, warum das väterliche Vorlesen nur minimal vertreten ist. Diesbezüglich müssen Gründe ermittelt werden, weshalb sich Väter vom Vorlesen distanzieren, wenngleich sie diesem eine hohe Bedeutung zuschreiben. Genau diese Frage bewegte mich dazu, das entsprechende Thema gezielter zu untersuchen. Eine Antwort darauf versuche ich - auch wenn Studien hierzu noch sehr limitiert sind - durch diese Seminararbeit zu finden. Es soll dabei zuerst ein grober Hintergrund über die Vorlesesituation in Deutschland geschaffen und im Anschluss erarbeitet werden, warum sich Väter diesbezüglich zurückhalten, welche Auswirkungen damit einhergehen und, wie man der Diskrepanz entgegenwirken könnte.

Abschließend möchte ich noch darauf hinweisen, dass der Großteil der Forschungsergebnisse, auf welche ich im Laufe der Arbeit zugreife, zum Teil noch hypothetisch sind beziehungsweise nur Orientierungsrichtungen geben. Da Kinder zum Beispiel bedingt durch Erinnerungsfehler und Eltern aufgrund von sozialer Erwünschtheit häufig verzerrte Antworten geben.

---

[1]Vgl. Jasmin Bastian: *Väter und das Vorlesen. Eine Deutungsmusteranalyse.* Wiesbaden 2014. S. 91.

[2]Vgl. Bastian: *Väter und das Vorlesen,* S. 16.

[3]Vgl. Bastian: *Väter und das Vorlesen,* S. 55f.

2. Familie als wichtigste informelle Instanz im Rahmen der Lesesozialisation

Noch bevor ein Kind das Lesen erlernt, kommt es innerhalb der Familie beispielsweise mit Bilderbüchern und ersten Schriftzeichen in Kontakt. Dies stellt bereits den Beginn der frühen Lesesozialisation dar. Die Familie als informelle Instanz beschreibt einen ungezwungenen, formlosen (Lern-)Ort. Der Begriff der Sozialisation stellt nach Hurrelmann und Ulrich den „Prozess der Entstehung der menschlichen Persönlichkeit in wechselseitiger Abhängigkeit von der gesellschaftlich mitgeformten sozialen und dinglichen Umwelt."[4] dar. Demnach bezeichnet die Lesesozialisation den Prozess der Aneignung der Kompetenz zum Umgang mit Schriftlichkeit, durch den die Leserin oder der Leser Zugang zum sozialen und kulturellen Leben erlangt.[5]

Die Familie nimmt den ersten großen Einfluss auf die Lesesozialisation der Kinder, da hier bereits unabsichtlich eine mehr oder weniger gute Leseatmosphäre erfahren wird. Eine derartige Atmosphäre zeichnet sich beispielsweise durch die Lesegewohnheiten von Eltern und Geschwistern oder dem Vorhandensein einer großen Auswahl von Büchern im Haushalt aus. Des Weiteren geben Eltern ihre kulturellen Einstellungen und Verhaltensweisen an ihre Kinder weiter, wodurch bereits sehr früh ein ungleiches Basiswissen zum Beispiel bezüglich der Literatur bei Kindern unterschiedlicher Familien vorliegt.[6] Außerdem bildet eine zeitige Förderung in Bezug auf den Umgang mit Literatur und Sprache eine gute Grundlage für das eigene Lesen, die Lesefreude und -motivation und eine positive Einstellung zu Geschichten und anderen Lesemedien. Denn Eltern, die sich schon frühzeitig und reichlich verbal und nonverbal mit ihren Kindern verständigen, fördern deren Kommunikations- und Sprachfähigkeiten. Für die Entwicklung dieser beiden Fähigkeiten kommt dem Vorlesen und Erzählen eine hohe Bedeutung zu. So werden bereits bei dem gemeinsamen Betrachten von Bilderbüchern mehr Gegenstände benannt als in irgendeiner anderen alltäglichen Kommunikationssituation.[7] Auch der lebendige Austausch dabei oder danach und die damit verbundene Tatsache, dass das Kind als seriöser Gesprächspartner akzeptiert wird, gibt dem Kind ein

---

[4]Nach Hurrelmann und Ulrich. In: Nele McElvany: *Förderung von Lesekompetenz im Kontext der Familie.* Münster et al. 2008. S. 82.

[5]Vgl. McElvany: *Förderung von Lesekompetenz im Kontext der Familie,* S. 82 f.

[6]Vgl. Bastian: *Väter und das Vorlesen,* S. 62.

[7]Vgl. Simone C. Ehmig/Timo Reuter: „Vorlesen im Kinderalltag. Die Bedeutung des Vorlesens für die Entwicklung von Kindern und Jugendlichen und Vorlesepraxis in den Familien". https://www.stiftunglesen.de/download.php?type=documentpdf&id=951. (30.05.2015). S. 5 f.

Gefühl der Sicherheit und Geborgenheit, das sich nicht nur positiv auf die Eltern-Kind-Beziehung auswirken, sondern ebenso dauerhaft mit dem Lesen verknüpft werden kann.[8]

3. Einleitendes zum Vorlesen

Im Rahmen einer typischen Vorlesesituation in der Familie bieten Eltern ihren Kindern eine Hilfestellung, indem sie als „kompetenter Anderer"[9] auftreten. Dieser passt sich einerseits den Fähigkeiten des Kindes an und erleichtert ihm die Bedeutungsentnahme durch die Betonung, ein niedriges Lesetempo, einer verstellten Stimme und weiterer Faktoren. Andererseits handelt er im besten Fall in der „Zone der nächsten Entwicklung" (nach Wigotsky), was bedeutet, dass das Kind seinem Niveau entsprechend gefordert wird. Es sich also idealerweise weder überfordert, noch unterfordert fühlt.[10] Voraussetzung für dieses Ziel ist primär die Aufnahme des regelmäßigen Vorlesens in den Familienalltag. Hier lassen sich bereits große Defizite finden: 2014 wurden 500 Elternteile im Rahmen der seit 2007 jährlich durchgeführten Vorlesestudie der gemeinsamen Initiative von DIE ZEIT, Stiftung Lesen und Deutsche Bahn zu ihrer und der Vorlesehäufigkeit ihres Partners befragt. Es stellte sich heraus, dass 69 Prozent der Mütter und/oder Väter täglich (28%) oder mehrmals in der Woche (41%) vorlesen. 31 Prozent hingegen nur einmal in der Woche (15%), selten (5%) oder nie (11%) vorlesen.[11] Um allerdings eine positive Wirkung zu erzielen, wird das mehrmalige Vorlesen in der Woche empfohlen. Somit „fehlt jedem dritten Kind in Deutschland ein „zentraler wichtiger Impuls für die positive[n] Entwicklung[en]"[12], die mit dem Vorlesen auf kurze und lange Sicht einhergeht.[13]

3.1 Die Bedeutung des Vorlesens

Es eröffnet sich den Kindern in Vorlesesituationen ein erster Zugang zu der geschriebenen Sprache. Diese unterscheidet sich von der gesprochenen Sprache, da sie einen komplexeren Wortschatz besitzt und Kinder somit neuen Wörtern begegnen. Dieser fremde Wortschatz

---

[8]Vgl. Bastian: *Väter und das Vorlesen*, S. 40.

[9]Sabine Elias: *Väter lesen vor. Soziokulturelle und bindungstheoretische Aspekte der frühen familialen Lesesozialisation.* Weinheim/München 2009. S. 50.

[10]Vgl. Elias: *Väter lesen vor*, S. 49f.

[11] Vgl. Stiftung Lesen: „Vorlesestudie 2014. Vorlesen macht Familien stark". https://www.stiftunglesen.de/download.php?type=documentpdf&id=1357. (30.05.2015). S. 30.

[12]Vgl. Ehmig/Reuter: „Vorlesen im Kinderalltag.", S. 86.

[13]Vgl. Ehmig/Reuter: „Vorlesen im Kinderalltag.", S. 86 f.

bietet in Verbindung mit der während des Vorlesens stattfindenden Interaktion zwischen Vater und/oder Mutter und Kind eine optimale Sprachlernsituation. Hinzu kommt die Vermittlung eines literarischen Verständnisses dadurch, dass die Kinder narrative Strukturen und dekontextualisierte Sprache kennen lernen.[14] Dekontextualisierte Sprache beschreibt in Bezug auf ein literarisches Verständnis die Unterscheidung von geschriebener und gesprochener Sprache insofern, als dass in geschriebener Sprache deiktische Ausdrücke wie „hier" oder „da" vermieden werden. Zumal Sprecher und Empfänger einander nicht kennen, beziehungsweise der Empfänger die beschriebene Situation nicht miterlebt. Überdies bestätigt die Studie von Sonja Birkle zum Erwerb von Textmusterkenntnis durch Vorlesen, dass Kinder sich die Textmuster von vorgelesenen Texten aneignen können. Sie nutzen folglich die kennengelernten Muster in Schreibsituationen, um ihre eigenen Geschichten festzuhalten.[15] Doch nicht nur die formalen Strukturen der vorgelesenen Geschichten nehmen Einfluss auf die Entwicklung eines Kindes. So führt zum Beispiel der Inhalt dazu, dass neue Erfahrungen gesammelt werden, sich in Figuren hineinversetzt[16], reflektiert und die Fantasie angeregt wird.[17] Zusätzlich kann die Vorlesesituation aus Sicht der Erwachsenen auch als ein Anlass gesehen werden, um physische und emotionale Nähe zum Kind herzustellen. Dies geschieht bereits dadurch, dass beiden ein Einblick in das Buch möglich sein sollte, wodurch unterschiedlich starker Körperkontakt hergestellt werden kann. Das Kind fühlt sich hierbei sicher, geschützt und geborgen.[18] Auch in Bezug auf die Anschlusskommunikation bietet das Vorlesen optimale Voraussetzungen. So besteht die Möglichkeit weit über die Geschichte hinaus Erinnerungen und Erfahrungen auszutauschen und aktuelle Themen im Alltag der Kinder aufzugreifen.[19] Zuletzt lassen weitere Studien noch vermuten, dass das Vorlesen auch die ganzheitliche Entwicklung beeinflusst. So wurde durch Erhebungen deutlich, dass Kinder denen vorgelesen wurde häufiger Sport treiben (66%), als Kinder, denen nicht vorgelesen wurde (55%). Zusätzlich spielen Kinder mit Vorleseerfahrungen häufiger ein Musikinstrument (27%), als Kinder, denen solche Erfahrungen fehlen (21%). Dieser Befund bedeutet

---

[14]Vgl. Bastian: *Väter und das Vorlesen*, S. 33f.

[15]Vgl. Sonja Birkle: *Erwerb von Textmusterkenntnis durch Vorlesen. Eine empirische Studie in der Grundschule*. Freiburg 2012. S. 217.

[16]Vgl. Bastian: *Väter und das Vorlesen*, S. 41.

[17]Vgl. Ehmig/Reuter: „Vorlesen im Kinderalltag.", S. 7.

[18]Vgl. Elias: *Väter lesen vor*, S. 43.

[19]Vgl. Stiftung Lesen: „Vorlesestudie 2014.", S. 14 ff.

jedoch nicht, dass das Vorlesen musikalisch oder sportlich macht.[20] Es ist nämlich denkbar, dass Eltern die einen gesteigerten Wert auf das (Vor-)Lesen legen, sportliche und musikalische Aktivitäten ebenfalls als wichtig erachten. Außerdem sind die Schulnoten der Kinder, denen in der Kindheit vorgelesen wurde im Durchschnitt etwa um eine Sechstel-Note besser als die Noten derer, denen nicht vorgelesen wurde.

Zusammenfassend ist herauszustellen, dass je öfter vorgelesen wurde, desto häufiger positive Auswirkungen in der Entwicklung der Kinder vorzufinden sind. Nun stellt sich die Frage, warum trotz zahlreicher Einflüsse, die für das elterlich Vorlesen sprechen, fast ein Drittel aller Eltern nur selten vorliest.

3.2 Die Einstellung der Eltern zum Vorlesen

Unabhängig davon, wie häufig Eltern vorlesen, schreiben sie diesem eine große Bedeutung zu: 96 Prozent der Eltern sind davon überzeugt, dass das Ansehen und Vorlesen von Bilder- und Kinderbüchern die Sprachentwicklung des Kindes fördert. 95 Prozent glauben es fördere die Fantasie, 94 Prozent sehen es als Konzentrationsübung und 91 Prozent halten es für eine Möglichkeit die Ausdauer zu verbessern. Die Gründe, die Eltern jedoch hauptsächlich für das Vorlesen nennen sind der Spaß am Vorlesen (84%) und das gemeinsame Verbringen von Zeit mit ihren Kindern (74%). Diesen untergeordnet folgen funktionale Begründungen wie etwa, dass das Kind etwas daraus lerne.[21] Erreichen die Kinder das Alter von 6 bis 10 Jahren äußern die Eltern bereits zu einem Drittel (31%), dass die Kinder zu alt für das Vorlesen seien. Dieser Wert steigt mit dem Alter der Kinder. So nennen bereits 55 Prozent der Eltern von Kindern zwischen 10 bis unter 14 Jahren jenen Grund und distanzieren sich vom Vorlesen. In Wirklichkeit lehnt aber nur ein sehr kleiner Anteil der Kinder im Alter von 4 bis 11 Jahren das Vorlesen ab. Dieser geringe Teil ist dann der Meinung es sei nicht mehr altersgerecht.[22]

Somit lässt sich festhalten, dass Eltern dazu neigen die Einstellungen ihrer Kinder zum Vorlesen fehlerhaft zu deuten und es aus diesem Grund frühzeitig beenden. In diesem Fall können sich die vorteilhaften Wirkungen, die das Vorlesen mit sich bringt, nicht entfalten. Neben der Einstellung der Eltern bezüglich des Vorlesens, können weitere Komponenten das Vorlesen bedingen.

---

[20]Vgl. Ehmig/Reuter: „Vorlesen im Kinderalltag.", S. 12f.

[21]Vgl. Ehmig/Reuter: „Vorlesen im Kinderalltag.", S. 30.

[22]Vgl. Ehmig/Reuter: „Vorlesen im Kinderalltag.", S. 13.

3.3 Faktoren, die die Vorlesehäufigkeit bestimmen

Im Groben lassen sich drei Faktoren, die einen signifikanten Einfluss darauf nehmen, ob und wie oft vorgelesen wird, bestimmen. Diese Faktoren sind: der Bildungshintergrund, der Migrationshintergrund und das Geschlecht. Bezüglich des Bildungshintergrundes wurde in einer Elternbefragung von 2012, bei der je 250 Väter und Mütter befragt wurden, deutlich, dass in Familien mit hoher Bildung insgesamt häufiger täglich oder mehrmals in der Woche vorgelesen wurde, als in Familien mit mittlerem Bildungsniveau. Dementsprechend wurde in Familien mit mittlerer Bildung häufiger täglich oder mehrmals in der Woche vorgelesen, als in Familien mit niedrigem Bildungsniveau.[23] Eine Beeinflussung der Vorlesehäufigkeit durch den Bildungsgrad könnte mit dem Stellenwert, den das Lesen in der Familie einnimmt, begründet werden. Dieser ist in Familien mit einem höheren Bildungsniveau vermutlich größer, als in Familien mit einem niedrigeren Bildungsniveau. Gleichermaßen beeinflusst der Migrationshintergrund die Vorlesehäufigkeit. Dies wurde in einer Erhebung aus dem Jahr 2007 mit 250 türkischstämmigen Eltern – sie bilden den größten Teil der Zuwanderer – geprüft. Es stellte sich heraus, dass etwa doppelt so viele türkische Elternteile nie vorlesen, wie die für die Gesamtbevölkerung repräsentativen Elternteile von 2007 (hier 806 Befragte). Ein Erklärungsansatz hierfür könnte sein, dass türkischstämmige Familien dem freien Erzählen von Geschichten mehr Aufmerksamkeit als dem Vorlesen zukommen lassen.[24] Derartig wirkt sich schließlich noch das Geschlecht auf die Vorlesehäufigkeit aus. Denn die Lesekompetenz der Jungen ist bei Weitem nicht so ausgeprägt, wie die der Mädchen. Dies könnte unter Anderem an den Rollenvorbildern und Helden liegen, die in männlicher Verkörperung kaum noch in Kinder- und Jugendliteratur vorkommen. Stattdessen lassen sich deren Eigenschaften nun eher in Form weiblicher Protagonisten wiederfinden. Deshalb könnte das Vorlesen und Lesen eher weniger im Interesse der Jungen sein.[25]

Nun wurden bereits einige Aspekte angesprochen, die das Vorlesen begünstigen oder beeinflussen. Im Folgenden sollen nun in Vorbereitung auf die Spezifizierung auf das väterliche Vorlesen die Differenzen zwischen väterlichem und mütterlichem Vorlesen betrachtet werden.

---

[23] Vgl. Ehmig/Reuter: „Vorlesen im Kinderalltag.", S. 25ff.

[24] Vgl. Ehmig/Reuter: „Vorlesen im Kinderalltag.", S. 39ff.

[25] Vgl. Ehmig/Reuter: „Vorlesen im Kinderalltag.", S. 50ff.

3.4 Vergleich der mütterlichen und väterlichen Vorleseart

Die Vorlesesituationen zwischen Mutter und Kind oder Vater und Kind weisen jeweils individuelle Merkmale auf. Demzufolge unterscheidet sich neben dem Aspekt, dass Mütter ihren Kindern eher vorlesen als Väter, außerdem die Häufigkeit mit der sie es tun. So lesen zwei Drittel der Mütter mehrmals in der Woche oder täglich vor, während dies nur auf knapp die Hälfte der Väter zutrifft.[26] Im Hinblick auf die Gestaltung der Vorlesesituation lassen sich weitere wesentliche Unterschiede benennen. Hier fällt zum einen auf, dass Väter gegenüber Müttern häufiger Nachfragen bezüglich des Textverständnisses stellen, die detaillierte Antworten erfordern. Mütter dagegen stellen eher Fragen, die nur zu Ja- oder Nein-Antworten auffordern und loben häufiger. Andererseits zeichnet sich der Sprachgebrauch von Vätern durch einen anspruchsvolleren Wortschatz aus. Sie benutzen beispielsweise Wörter, die dem Kind völlig unbekannt sind, während weibliche Elternteile dies vermeiden. Sie lassen mehr Pausen (zu) und vereinfachen ihren Wortschatz, um sich dem Sprachgebrauch des Kindes anzupassen. Ferner zeichnet sich der Vorlesestil des männlichen Elternteils aus durch: Zielorientiertheit, häufigen Gebrauch von verstellter Stimme als Markierung verschiedener Textabschnitte (z.B. wörtlicher Rede) und das Einnehmen der Rolle einer Lehrperson. Jene ist gekennzeichnet durch eigenes Umblättern oder verbale Aufforderungen, die das Weiterlesen betreffen, sodass keine längeren Pausen entstehen. Beide Stile bringen Vor- und Nachteile mit sich. So fühlen sich Kinder in Vorlesesituationen mit ihren Vätern häufiger überfordert, weil sie durch fremde Wörter und detaillierte Nachfragen irritiert und stark gefordert werden. Dies kann dazu führen, dass eine solche Situation in Zukunft vom Kind vermieden wird. Im Gegensatz dazu kann der Stil des Vaters das Kind durch die frühe Konfrontation mit fremden Begriffen mit der sprachlichen Komplexität vertraut machen. Infolgedessen wird die Begegnung mit fremden Texten in der Schule als weniger anstrengend und bereits bekannt empfunden. Ebenso kann die Mutter sowohl positive als auch negative Wirkungen beim Vorlesen erzielen. Sie gibt dem Kind durch ihr Lob und ihren einfachen Sprachgebrauch Sicherheit und stärkt sein Selbstvertrauen. Dahingegen besteht die Gefahr, dass sich das Kind an diese Einfachheit gewöhnt und umso mehr überfordert ist, wenn es in der Schule plötzlich mit fremden Begriffen und komplexeren Sätzen konfrontiert wird.[27]

Feststeht, dass keiner der beiden Vorlesestile „perfekt" ist. Da man aber durchaus erkennt, dass Kinder in der Vorlesesituation mit ihrem Vater dazu neigen sich überfordert und in der

---

[26]Vgl. Ehmig/Reuter: „Vorlesen im Kinderalltag.", S. 58.
[27]Vgl. Elias: *Väter lesen vor*, S. 88, 150ff.

Vorlesesituation mit ihrer Mutter unterfordert zu fühlen, lässt sich problemlos ein Lösungsansatz formulieren. Wichtig hierbei ist, dass die Eltern in der Lage sind die Fähigkeiten des Kindes einzuschätzen, um so beispielsweise den Schwierigkeitsgrad der Nachfragen zum Text an diese anpassen zu können. Ähnliche Kompromisse könnte man beim Gebrauch von fremden Wörtern eingehen. Sicherlich ist es sinnvoll, dass das Kind neue Worte kennenlernt. Allerdings sollte dies in kleinen Schritten (je nach Leistungsstand) geschehen, sodass auch hier wieder in der „Zone der nächsten Entwicklung" gehandelt werden kann. Letztlich gilt es zu erkennen, dass unterschiedliche Vorlesestile nicht als widersprüchlich, sondern als sich ergänzend erfahren werden. Kinder sollten im Optimalfall aus einem Vorleseangebot beider Elternteile wählen können, um so möglichst viel zu erlernen, ohne sich dabei über- oder unterfordert zu fühlen.[28]

4. Die Rolle des Vaters in der Familie

Die Rolle des Vaters ist schon seit vielen Jahren nicht mehr die, die sie einmal war. Seit circa 1960 unterliegt diese einem stetigen Wandel. Die Ursache hierfür ist die Individualisierung der Frau. Ambitionierte Frauen gewannen in den letzte Jahrzehnten mehr und mehr an Zulauf, was dazu führte, dass der Mann heute nicht mehr länger alleiniger Haupternährer der Familie ist.[29] Er beteiligt sich immer stärker an der Erziehung der Kinder, übernimmt Aufgaben im Haushalt und beschwert sich oft über zu wenig Zeit für die Familie.[30] Dennoch zeigt er Unsicherheiten, indem er sich eher den Aufgaben widmet, die seiner Meinung nach dem männlichen Geschlecht zugeordnet werden. Dies führt dazu, dass weiterhin ein Ungleichgewicht zwischen Mann und Frau in Bezug auf die Erziehung der Kinder und betreffende Aufgaben vorliegt.[31] Dieses Ungleichgewicht findet sich auch beim Vorlesen innerhalb der Familie wieder.

Um Gründe, Auswirkungen und Lösungsansätze darzustellen, wird nun im zweiten Teil meiner Arbeit das väterliche Vorlesen genauer beleuchtet.

---

[28]Vgl. Elias: *Väter lesen vor*, S. 348 f.

[29]Vgl. Bastian: *Väter und das Vorlesen*, S. 71.

[30]Vgl. Bastian: *Väter und das Vorlesen*, S. 74, 87.

[31]Vgl. Bastian: *Väter und das Vorlesen*, S. 278 f.

5. Väterliches Vorlesen

Ob und welchen Einfluss Väter auf die Lesesozialisation ihrer Kinder nehmen, hängt nicht
– wie möglicherweise angenommen wird – von der zur Verfügung stehenden Zeit ab, sondern
von der persönlichen Einstellung zur Literatur. So zeigt die Studie von Sabine Elias, dass
erwerbstätige Väter, die in der Woche häufiger Vorlesen, dies auch am Wochenende tun.
Umgekehrt lesen erwerbstätige Väter, die unter der Woche kaum vorlesen, auch am Wochenende nicht vermehrt vor.[32] Das Engagement und nicht etwa die verfügbare Zeit der Väter
entscheidet somit, inwieweit sie in der Lage sind auf die Lesesozialisation ihrer Kinder ein-
zuwirken. Die spezifischen Merkmale des väterlichen Vorlesens wurden bereits erwähnt.
Der Vater nimmt eine lehrende Rolle ein und erzählt dem Kind möglichst ohne Unterbre-
chungen eine Geschichte. Über Nachfragen stellt er sicher, dass das Kind die Erzählung ver-
steht. Hierbei verlässt er seinen eigenen Wortschatz nicht, wodurch das Kind mit recht komplexen Fragen konfrontiert wird, die fremde Begriffe beinhalten. Vergleicht man nun die
Anzahl der vorlesenden Mütter mit denen der Väter ist hier ein großes Defizit bei den Vätern
vorzufinden. Die Vorlesestudie der Initiative von DIE ZEIT, Stiftung Lesen und Deutsche
Bahn Stiftung von 2013 befragte dazu je 250 Väter und Mütter. Hier gaben zwei Drittel (67%)
der Mütter und knapp die Hälfte (45%) der Väter an, täglich oder mehrmals in der Woche
vorzulesen. Auch der Anteil der Väter die selten oder nie vorlesen (21%) ist höher, als der
der Mütter (15%).[33] Spielt es denn überhaupt eine Rolle, ob der Vater vorliest? Reicht es
nicht wenn dies lediglich die Mutter übernimmt? Die Bedeutung, die dem väterlichen Vorlesen zukommt, wird nun dargestellt.

5.1 Die Bedeutung und Auswirkungen des väterlichen (Nicht-) Vorlesens

Grundsätzlich treffen alle Wirkungen, die das Vorlesen mit sich bringt auch auf das väterliche Vorlesen zu. Es regt also unter Anderem die Phantasie an, fördert die Empathie und gibt
den Kindern früh einen Einblick in die geschriebene Sprache und damit einhergehende
Textstrukturen und fremde Begriffe. Ferner hat das väterliche Vorlesen noch eine ganz eigene Relevanz. Mehrere Studien haben bereits belegt, dass das Vorlesen des Vaters in stär-
kerer Wechselwirkung mit dem Leseverhalten der Kinder – besonders der Jungen – steht.

---

[32]Vgl. Elias: *Väter lesen vor*, S. 132.

[33]Vgl. Stiftung Lesen: „Vorlesestudie 2013. Neuvermessung der Vorleselandschaft". http://www.stiftungle-
sen.de/download.php?type=documentpdf&id=1064. (31.05.2015). S. 19.

Dies könnte mitunter daran liegen, dass sich Jungen eher am Leseverhalten des Vaters orientieren. Sie begegnen ihm in den meisten Fällen seltener als der Mutter als Vorleser und interessieren sich deshalb eher weniger für das (Vor-)Lesen. Außerdem könnte das Bild eines nicht-vorlesenden Vaters auf die Jungen attraktiver wirken. Dies lässt sich in der sozialen Lerntheorie nach Banduras wiederfinden.[34] Im Gegensatz dazu beeinflusst eine viel lesende Mutter eher die Tochter. Töchter lesen in diesem Fall etwa doppelt so lange in ihrer Freizeit wie die Söhne. Diese wiederum lesen bei einer vorlesenden Mutter nur etwas mehr als der Durchschnitt. Mit Blick auf das Wochenende steigt jedoch auch die Lesedauer der Söhne und übersteigt hier sogar die der Töchter. Auch dies könnte an der Orientierung der Söhne am Vater als Lesevorbild liegen. Denn auch Väter lesen am Wochenende deutlich mehr.[35] Steigt bei den männlichen Elternteilen der Bildungsabschluss, so steigt in der Regel auch die Lesedauer. Dieser Zusammenhang kann bei Müttern nicht festgestellt werden. Demzufolge ist vor allem in Familien mit einem hohen Bildungslevel der Vater als Lesevorbild vorhanden. Zusätzlich herrschen in diesen Familien unauffälligere Differenzen zwischen der Lesedauer von Mädchen und Jungen.[36]

Festzuhalten ist, dass nur Mädchen vom Leseverhalten beider Elternteile beeinflusst werden. Jungen dagegen orientieren sich stärker an ihren Vätern. Existiert in der Familie ein höherer Bildungsgrad, lassen sich häufiger Väter als (zusätzliche) Lesevorbilder und damit Söhne, die sich an dessen Leseverhalten orientieren, auffinden.

Geht man nun näher auf die Bedeutung des Vorlesens vom Vater ein, so rücken erneut die Merkmale des väterlichen Vorlesestils in den Mittelpunkt. Vor allem beim Vater haben Kinder die Möglichkeit sich Herausforderungen zu stellen. Väter beantworten eigene Fragen zum Text seltener selbst und fordern die Kinder zu eigenen Antworten heraus. Im Gegensatz dazu legen Mütter mehr Wert darauf, eine nahe Bindungsbeziehung herzustellen. Väter geben oft an, dass es ihnen schwerfällt, sich den Fähigkeiten des Kindes anzupassen. Infolgedessen stellen sie sehr anspruchsvolle Fragen und gebrauchen dabei oft fremde Begriffe.[37] Dies ist jedoch eine optimale Vorbereitung auf die Texte, denen Kindern später in der Schule begegnen. Hierbei müssten Väter jedoch versuchen sich zu beschränken. Sie sollten darauf

---

[34]Vgl. Bastian: *Väter und das Vorlesen*, S.92 f.

[35]Vgl. Bastian: *Väter und das Vorlesen*, S.92 f.

[36]Vgl. Bastian: *Väter und das Vorlesen*, S. 93.

[37]Vgl. Elias: *Väter lesen vor*, S. 347f.

achten, dass sie ihr Kind nicht überfordern, was dazu führen könnte, dass eine erneute Vorlesesituation nicht oder nur schlecht zustande kommt. Des Weiteren wird durch das Nachfragen und Zurückblättern des Vaters das Textverständnis gesichert und das Kind lernt unter Anderem Chronologie und Erzählstruktur kennen.[38] Dementsprechend fällt es ihm vermutlich in Zukunft leichter einer Geschichte zu folgen und vielleicht auch Ideen zu entwickeln, um eigene Erzählungen zu schreiben.

Mit diesem Kapitel sollte deutlich werden, dass es nicht trivial ist, welcher Elternteil vorliest. Schließlich nehmen vor allem Väter Einfluss auf das Leseverhalten ihrer Kinder. Dass das Vorlesen positive Auswirkungen auf die Entwicklung der Kinder hat ist den meisten Vätern bewusst, doch warum sie selbst Abstand davon nehmen wird im Folgenden verdeutlicht.

5.2 Warum Väter nicht vorlesen

„Interviewer: ‚Finden Sie Vorlesen wichtig für die Kinder oder finden Sie es gibt Wichtigeres?'

Vater: ‚Ich finde es ungeheuer wichtig – deswegen versuche ich immer wieder, meine Frau zu motivieren vorzulesen' "[39]

Diese Antwort gab ein 35 Jahre alter Vater, dessen Vorleseengagement und das von 500 weiteren Vätern im Rahmen der Vorlesestudie der Initiative von DIE ZEIT, Stiftung Lesen und Deutsche Bahn Stiftung im Jahr 2009 untersucht wurde. Nun stellt sich die Frage, ob dieser seine Partnerin lediglich für die bessere Vorleserin hält oder, ob dahinter noch mehr steckt. Die selbe Studie hält drei Hauptgründe fest, die männliche Elternteile vom Vorlesen abhält. Zuerst zu nennen ist der Aspekt, dass Männer das Vorlesen eher dem weiblichen Geschlecht zuordnen (55%). Sie halten Mütter demzufolge für die kompetenteren Vorleserinnen (38%) oder denken, dass diese dafür zuständig sind. Der folgende Grund, nach dem Väter ihr Nicht-Vorlesen mit mangelnder Zeit begründen (55%)[40], wurde durch den Fakt, dass Väter, die unter der Woche keine Zeit zum Vorlesen finden dies auch nicht am Wochenende tun, „abgelehnt". Dadurch, dass aber vor allem Väter dazu neigen aufgrund ihres Berufes oft erst spät am Abend nach Hause zu kommen, ist die Vater-Kind-Bindung in diesem

---

[38]Vgl. Elias: *Väter lesen vor*, S. 348.

[39]Stiftung Lesen: „Vorlesestudie 2009. Warum Väter nicht vorlesen". https://www.stiftunglesen.de/download.php?type=documentpdf&id=3. (31.05.2015). S. 2.

[40]Vgl. Stiftung Lesen: „Vorlesestudie 2009", S. 12.

Fall womöglich weniger stark ausgeprägt, als die Mutter-Kind Beziehung. Eine Folge hiervon könnte sein, dass durch eine schwächere Bindung keine „erfolgreiche" Vorlesesituation zustande kommt und sich deshalb sowohl Vater als auch Kind davon distanzieren.[41] Der dritte Grund, den die Studie benennt, beinhaltet das Bevorzugen der Väter von anderen (aktiven) Beschäftigungen mit ihren Kindern (38%). Sie wenden sich größtenteils den sportlichen Aktivitäten mit ihren Kindern zu[42], da ihnen das Vorlesen kein Vergnügen bereitet.[43] Fragt man Väter danach, warum es ihnen keinen Spaß macht vorzulesen, stehen zwei Begründungen im Vordergrund. Erstens fehlt ihnen oft die Geduld und zweitens möchten sich viele, wenn sie abends nach Hause kommen, keiner so ermüdenden Beschäftigung mit ihren Kindern widmen.[44] Weitere Argumente, mit denen Väter ihr geringes Vorleseengagement begründen sind: es hat schon immer die Mutter vorgelesen (35%), das Kind möchte lieber von der Mutter vorgelesen bekommen (33%), wenn der Vater heimkommt, schläft das Kind bereits (28%), Vorlesen ist für den Vater nicht so wichtig (8%) und mein Kind möchte nicht vorgelesen bekommen (5%).[45]

Die Bevorzugung der Mutter beim Vorlesen könnte daran liegen, dass Väter ihre Kinder durch ihren komplexen Wortschatz, den sie in der Vorlesesituation nicht ablegen, abschrecken. Sie empfinden das Vorlesen des Vaters – auch durch den eher strengen Ton eines Lehrers – als zu anstrengend und möchten lieber von der Mutter gelobt werden und sich entspannen.

Darüber hinaus ist auffällig, dass vor allem männliche Elternteile mit niedrigeren Schulabschlüssen an ihren Vorlesekompetenzen zweifeln. So geben beispielsweise von 501 befragten Vätern 39 Prozent mit Hauptschulabschluss an, dass ihre Kinder lieber von der Mutter vorgelesen bekommen. Demgegenüber sagen dies nur 34 Prozent der Väter mit Real- oder Mittelschulabschluss und nur 27 Prozent der Väter mit Abitur- oder Hochschulabschluss. Bleibt man bei den mit den Bildungsabschlüssen einhergehenden Unterschieden, lässt sich feststellen, dass einerseits fast alle Väter das Vorlesen für wichtig halten, andererseits jedoch unterschiedliche Ansichten in Bezug zum Realisieren vertreten. Dass Frauen die besseren Kompetenzen in Bezug auf die Beschäftigung mit Kindern haben, bestätigen 36 Prozent der

---

[41]Vgl. Bastian: *Väter und das Vorlesen*, S. 313.

[42]Vgl. Stiftung Lesen: „Vorlesestudie 2009", S. 12fff.

[43]Vgl. Stiftung Lesen: „Vorlesestudie 2009", S. 14.

[44]Vgl. Stiftung Lesen: „Vorlesestudie 2009", S. 22.

[45]Vgl. Stiftung Lesen: „Vorlesestudie 2009", S. 11f.

Väter mit einem Hauptschulabschluss, 31 Prozent derer mit einem Real- beziehungsweise Mittelschulabschluss und nur 22 Prozent derer mit Abitur- beziehungsweise Hochschulabschluss.[46] Ein ähnliches Verhältnis besteht in Bezug auf die Auffassung, dass Väter genauso oft vorlesen sollten, wie Mütter. Hiervon überzeugt sind zwar 67 Prozent der Väter mit hohen Bildungsabschlüssen, 63 Prozent derer mit mittleren und nur 55 Prozent derer mit niedrigeren Bildungsabschlüssen.[47] Zuletzt könnte die eigene Vorleseerfahrung in der Kindheit des Vaters sein Engagement vorzulesen beeinflussen. In einer Untersuchung von Jasmin Bastian konnten drei Punkte hierzu festgehalten werden. Erstens: die an der Untersuchung beteiligten Väter, die vorlasen, hatten selbst positive Erinnerungen an Vorlesesituationen in ihrer Kindheit. Zweitens: die Väter, die unregelmäßig vorlasen, hatten diese Erinnerungen an Vorleseerlebnisse nicht. Drittens: ein Vater hatte nur insofern Erinnerungen an das Vorlesen in seiner Kindheit, als dass er sich ausschließlich an seine Mutter als Vorleserin erinnerte. Dies führte dazu, dass eine traditionelle Rollenorientierung, in der die Mutter das Vorlesen übernimmt, seinem Vorleseengagement im Weg stand.[48]

In der Gesamtheit nehmen vor allem Aspekte wie die Rollenorientierung, das eigene Interesse und der Bildungsabschluss einen starken Einfluss darauf, ob und in welchem Ausmaß eine Vorlesesituation mit Vater und Kind zustande kommt. Wie man das Vorlesen speziell für Väter attraktiver gestalten kann und welche Ratschläge beziehungsweise Änderungen im Vorlesestil dieser von Bedeutung sein können, soll zum Abschluss modelliert werden.

5.3 (Väter) Zum Vorlesen motivieren

Väter besitzen zwar bereits ein übermäßiges Bewusstsein für die Bedeutung des Vorlesens, jedoch scheint sie dieses Wissen noch nicht zum Handeln zu bewegen.[49] Das Motivieren der Väter zum Vorlesen kann an verschiedenen Stellen ansetzen. Beginnt man mit dem Aspekt, dass ein Großteil der männlichen Elternteile das Vorlesen den Müttern zuschreibt, kann hier durch die Veränderung der Rollenvorstellung ein erster Schritt gemacht werden. „Es muss eine Infrastruktur entstehen, in der auch Männer als Vorleser und als Lesevorbilder, an denen sich Jungen orientieren können, auftreten."[50] Dies schließt zudem ein, dass sich die Zahlen

---

[46]Vgl. Stiftung Lesen: „Vorlesestudie 2009", S. 27.

[47]Vgl. Stiftung Lesen: „Vorlesestudie 2009", S. 27.

[48]Vgl. Bastian: *Väter und das Vorlesen*, S. 285.

[49]Vgl. Ehmig/Reuter: „Vorlesen im Kinderalltag.", S. 62.

[50]Bastian: *Väter und das Vorlesen*, S. 315.

der männlichen Angestellten an Grundschulen, Kindergärten und Bibliotheken (Vorlesestunden) erhöhen sollten. Infolgedessen treffen Jungen schon im frühen Alter auf männliche Vorleser und es kann dem Zuordnen des Vorlesens zur Frau entgegengewirkt werden.[51] Betrachtet man nun das Argument, dass Väter dazu neigen eher sportliche Aktivitäten mit ihren Kindern zu unternehmen anstatt vorzulesen, lassen sich auch hier Parallelen zum Vorlesen finden. So kann das Vorlesen eines spannenden Buches die Lust der Kinder auf eine Schnitzeljagd wecken oder das gemeinsame Betrachten eines Tierbuches einem Zoobesuch vorausgehen/folgen.[52] [53] Hierbei soll den Vätern bewusst werden, dass das Vorlesen beispielsweise über einen anschließenden Ausflug in eine aktive Handlung umgesetzt werden kann.[54] Um die Motivation zum Vorlesen zusätzlich zu steigern, muss dafür gesorgt werden, dass männliche Leseinteressen bei der Schullektüre stärker beachtet werden und Kinderbuchverlage sich inhaltlich vermehrt den Interessen der Jungen widmen.[55] Des Weiteren ist ein Empfehlen des Vorlesens mit digitalen Medien, wie dem Computer oder dem Ipad von großer Bedeutung. Denn vor allem Väter interessieren sich für digitale Medien und bevorzugen diese gegenüber den traditionellen Büchern.[56] Dabei besteht die Befürchtung,dass mit der Zunahme an Verwendung von digitalen Medien das traditionelle Vorlesen von Bücher vernachlässigt wird. Unter den Eltern, die im Jahr 2012 mehrmals aus Bilder- und Kinderbuch-Apps vorgelesen haben, finden sich jedoch keine, die sich vom Vorlesen gedruckter Bücher abwenden.[57] Stattdessen scheint die Beschäftigung mit digitalen Medien das traditionelle Vorlesen zu ergänzen:

> „In Situationen und an Orten, in denen Vorlesen mit gedruckten Büchern schwierig oder unpraktisch ist, können Smartphones und Tablets platzsparend eine breite Palette an digitalen Bilder- und Kinderbüchern bereitstellen und unkompliziert genutzt werden."[58]

Bettina Hurrelmann findet für dieses mit vielen Ansatzmöglichkeiten verbundene Problem die passenden Worte:

---

[51]Vgl. Bastian: *Väter und das Vorlesen*, S. 315.

[52]Vgl. Bastian: *Väter und das Vorlesen*, S. 316.

[53]Vgl. Ehmig/Reuter: „Vorlesen im Kinderalltag.", S. 64.

[54]Vgl. Bastian: *Väter und das Vorlesen*, S. 316.

[55]Vgl. Bastian: *Väter und das Vorlesen*, S. 317.

[56]Vgl. Bastian: *Väter und das Vorlesen*, S. 316.

[57]Vgl. Ehmig/Reuter: „Vorlesen im Kinderalltag.", S. 79.

[58]Ehmig/Reuter: „Vorlesen im Kinderalltag.", S. 82.

„die familiale Lesesozialisation [ist] kaum über den Zugriff auf Einzelfaktoren zu verändern. Nötig sind vielmehr allgemeine gesellschaftliche Aufklärung, eine breite lesebezogene Elternberatung, Elternarbeit der Bildungsinstitutionen und der Ausgleich von Defiziten durch die Schule.“[59]

Sie stellt den Kern des vorliegenden Problems dar, indem sie beschreibt, dass nicht die Beeinflussung eines einzelnen Faktors, wie zum Beispiel dem vermehrten Einsatz von digitalen Medien, dem Vorlesen von Vätern zu Gute kommt. Vielmehr muss an mehreren Punkten gleichzeitig angesetzt werden, um Erfolge erzielen zu können. Darüber hinaus ist in Bezug auf die Forschung wichtig, den Fokus vermehrt auch auf das männliche Lesevorbild zu richten, um Ergebnisse dafür nutzen zu können, das Vorleseengagement der männlichen Elternteile zu fördern und die Vorlesesituation zwischen Vater und Kind näher beschreiben zu können.[60] Zuletzt sollen Aktionen und Veranstaltungen außerhalb des institutionalisierten Bereiches erwähnt werden. Hier lernen Kinder im Vorschulalter unterschiedliche Akteure – darunter auch Prominente – beim Vorlesen kennen. Ein Beispiel hierfür ist der seit 2004 jährlich stattfindende bundesweite Vorlesetag, welcher aus einer gemeinsamen Initiative von DIE ZEIT, Stiftung Lesen und Deutsche Bahn Stiftung entstand.[61] „Ziel ist es, Begeisterung für das Lesen und Vorlesen zu wecken und Kinder bereits früh mit dem geschriebenen und erzählten Wort in Kontakt zu bringen.“[62]

6. Fazit

Mit dem Abschluss dieser Seminararbeit sollte deutlich geworden sein, wie sehr sich das väterliche Vorlesen auf die Entwicklung der Kinder auswirken kann. Vor allem Jungen fällt es oft schwer zu lesen, wenn sie keinem (Vor-)Leser begegnen, oder diese Rolle einzig von der Mutter eingenommen wird.

Mittels des Einblicks in die Einstellungen der Väter zum Vorlesen und ihrer wirklichen Beteiligung an Vorlesesituationen konnten Gründe aufgezeigt werden, weshalb männliche Elternteile sich vom Vorlesen distanzieren. Ihnen fehlt oft die Geduld oder sie empfinden es

---

[59]Nach Bettina Hurrelmann. In: Bastian: *Väter und das Vorlesen*, S. 317.

[60]Vgl. Bastian: *Väter und das Vorlesen*, S. 317.

[61] Vgl. Christiane Urlaub: „Über den Bundesweiten Vorlesetag“. http://www.vorlesetag.de/vorlesetag/. (24.06.2015).

[62]Christiane Urlaub: „Über den Bundesweiten Vorlesetag“.

als eine ermüdende Tätigkeit, weshalb sie aktive Beschäftigungen mit ihren Kindern bevorzugen. Hinsichtlich der Einstellungen wurden konkrete Lösungsansätze formuliert, welche den Vätern als Richtungsangabe dienen können. Als ein Beispiel hierfür zählt das Verbinden des Vorlesens mit sportlichen Aktivitäten. Die Auseinandersetzung der Forschung mit dem Einfluss des Vaters auf die Lesesozialisation soll Väter weder für ihr geringes Vorleseengagement noch für ihr Nicht-Vorlesen kritisieren. Aufforderungen, wie die Anpassung des Vorlesestils an das Niveau der Kinder oder dem vermehrten Vorlesen mit elektronischen Medien sollen lediglich Vorschläge darstellen. Sie sollen es den Vätern ermöglichen mehr Spaß am Vorlesen zu finden, um so einen aktiven Einfluss auf die Lesesozialisation haben zu können. Denn zu diesem Schluss kommt man definitiv: Väter zeichnen sich durch einen individuellen Vorlesestil aus, durch den Kinder schon früh mit Fremdwörtern in Kontakt treten. Sie lernen den Umgang mit komplexen Texten und fremden Wörtern noch vor der Schuleingangsphase kennen. Dies gibt ihnen eine gewisse Sicherheit in Bezug auf das Verstehen und Erfassen von neuen Texten und dient somit als optimale Vorbereitung auf die Schule. Darüber hinaus wirkt das väterliche Vorlesen der Diskrepanz bezüglich des Leseverhaltens von Mädchen und Jungen entgegen. Zumal sich Jungen stärker am Leseverhalten ihrer Väter orientieren. Viel lesende Väter bewegen ihre Söhne dazu mehr zu lesen und schaffen somit einen weniger starken Kontrast zwischen den Lesehäufigkeiten von Söhnen und Töchtern. Doch das Wichtigste ist und bleibt das Zusammenspiel der einzelnen Faktoren. Um größere Erfolge zu erzielen muss an mehreren Punkten angesetzt werden. Hier kommt es nicht darauf an einzig mehr Vorlesesituationen in den Familien zu schaffen, sondern auch Väter dafür zu sensibilisieren, dass das Vorlesen keineswegs einem Geschlecht mehr oder weniger entspricht. Aus demselben Grund sollten verschiedene Berufsfelder auch nicht mehr ausschließlich der Frau zugeschrieben werden.

7. Literaturverzeichnis

Bastian, Jasmin: *Väter und das Vorlesen. Eine Deutungsmusteranalyse.* Wiesbaden 2014.

Birkle, Sonja: *Erwerb von Textmusterkenntnis durch Vorlesen. Eine empirische Studie in der Grundschule.* Freiburg 2012.

Ehmig, Simone C./Reuter, Timo: „Vorlesen im Kinderalltag. Die Bedeutung des Vorlesens für die Entwicklung von Kindern und Jugendlichen und Vorlesepraxis in den Familien". https://www.stiftunglesen.de/download.php?type=documentpdf&id=951. (30.05.2015).

Elias, Sabine: *Väter lesen vor. Soziokulturelle und bindungstheoretische Aspekte der frühen familialen Lesesozialisation.* Weinheim/München 2009.

McElvany, Nele: *Förderung von Lesekompetenz im Kontext der Familie.* Münster et al. 2008.

Stiftung Lesen: „Vorlesestudie 2014. Vorlesen macht Familien stark". https://www.stiftunglesen.de/download.php?type=documentpdf&id=1357. (30.05.2015).

Stiftung Lesen: „Vorlesestudie 2013. Neuvermessung der Vorleselandschaft". http://www.stiftunglesen.de/download.php?type=documentpdf&id=1064. (31.05.2015).

Stiftung Lesen: „Vorlesestudie 2009. Warum Väter nicht vorlesen". https://www.stiftunglesen.de/download.php?type=documentpdf&id=3. (31.05.2015).

Urlaub, Christiane: „Über den Bundesweiten Vorlesetag". http://www.vorlesetag.de/vorlesetag/. (24.06.2015).